Llévame a los trenes

Libro de colorear

Coloring Pages for Kids

Coloring Pages for Kids
An imprint of Ciparum LLC

Llévame a los trenes Libro de colorear
© 2017 Ciparum LLC
All rights reserved.
ISBN-10:1-63589-361-5
ISBN-13:978-1-63589-361-8

Coloring Pages for Kids

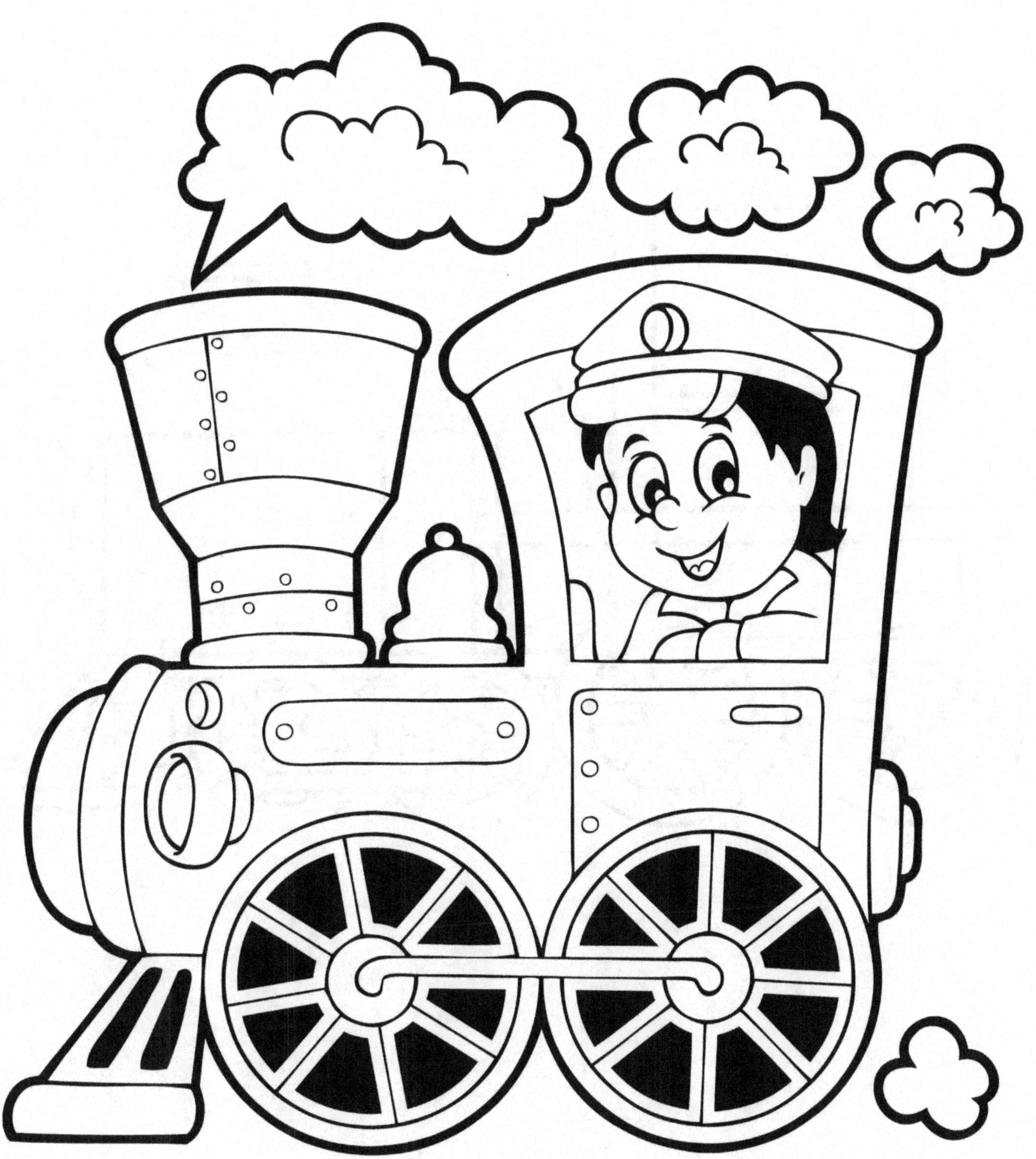

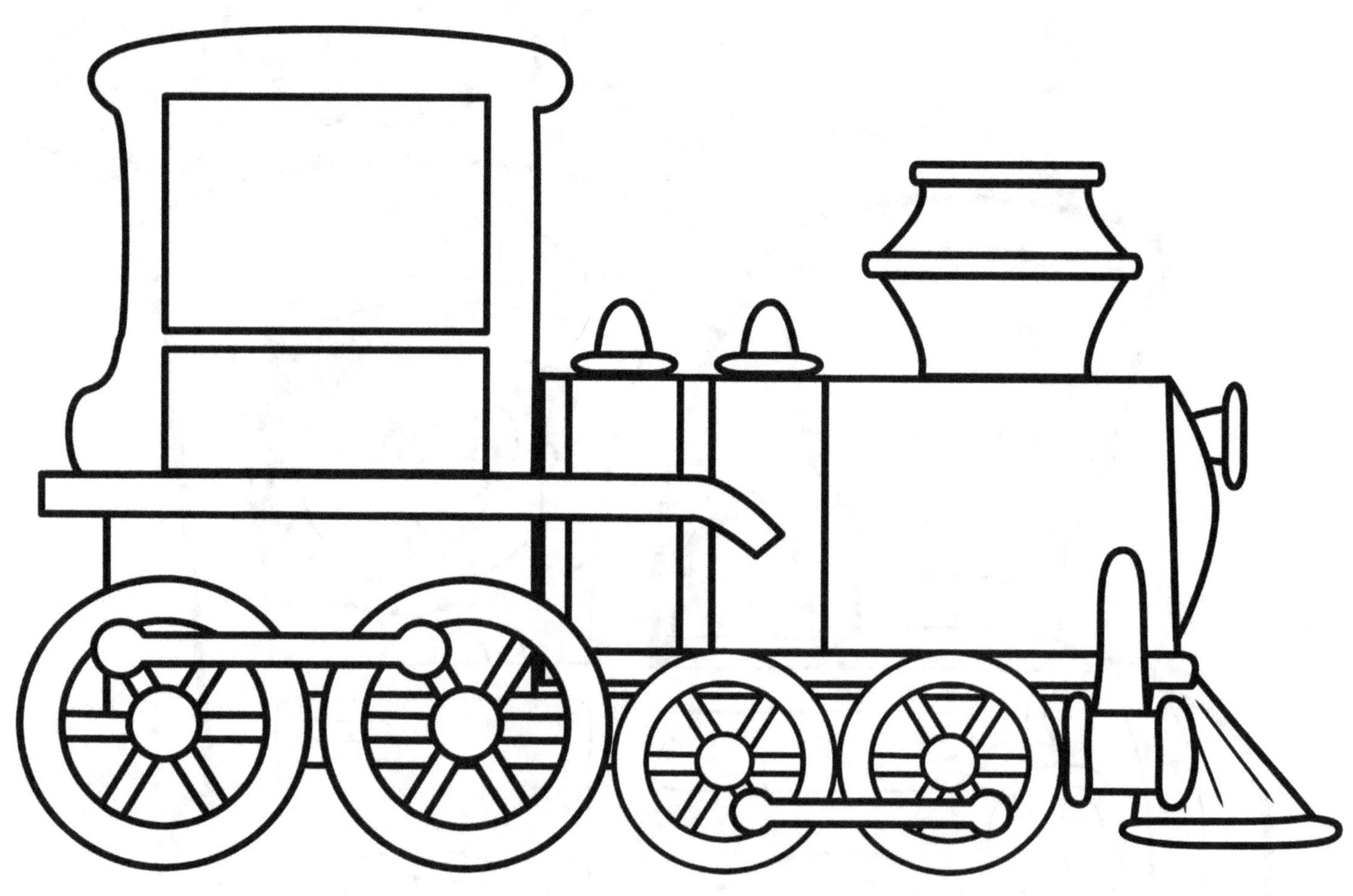

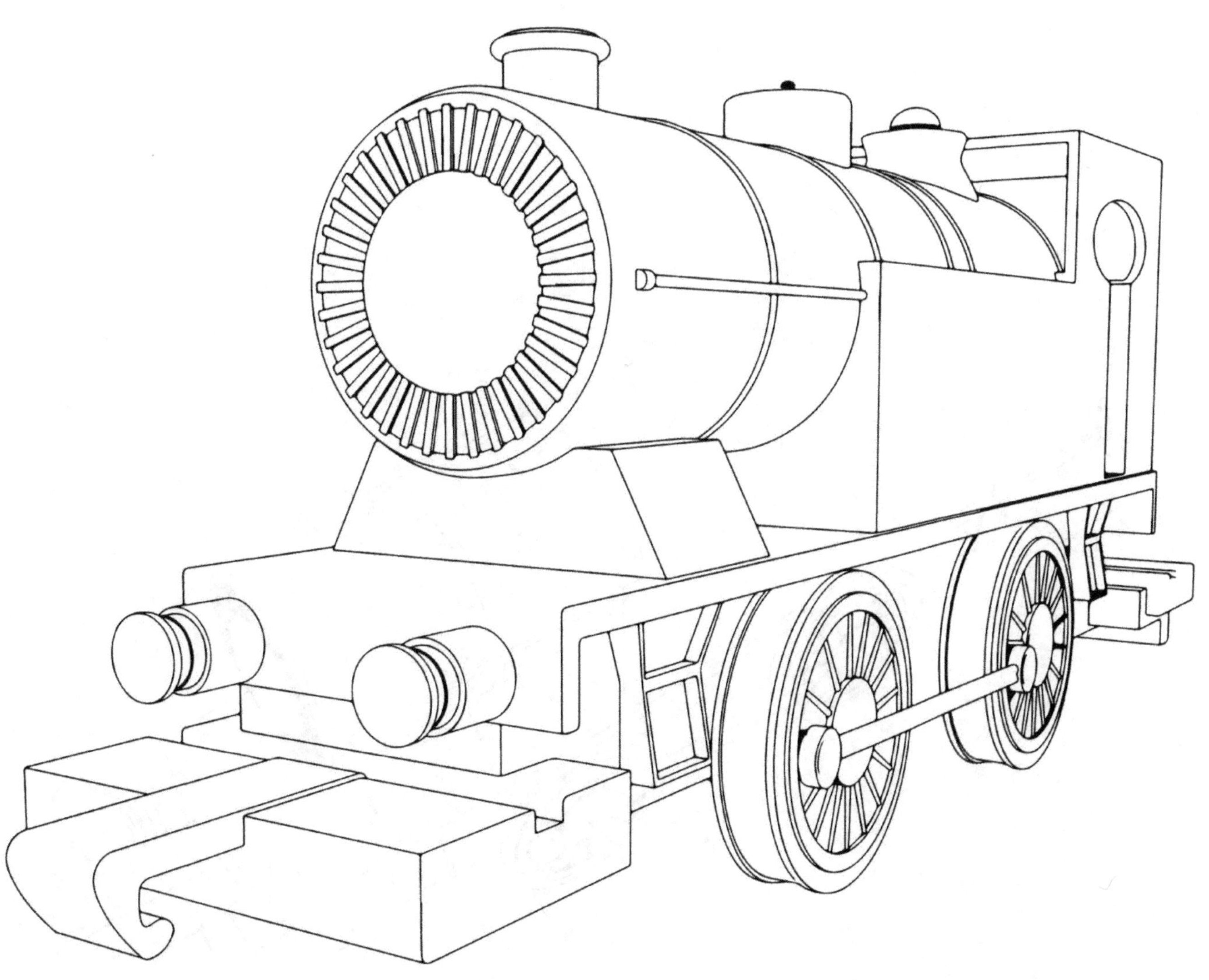

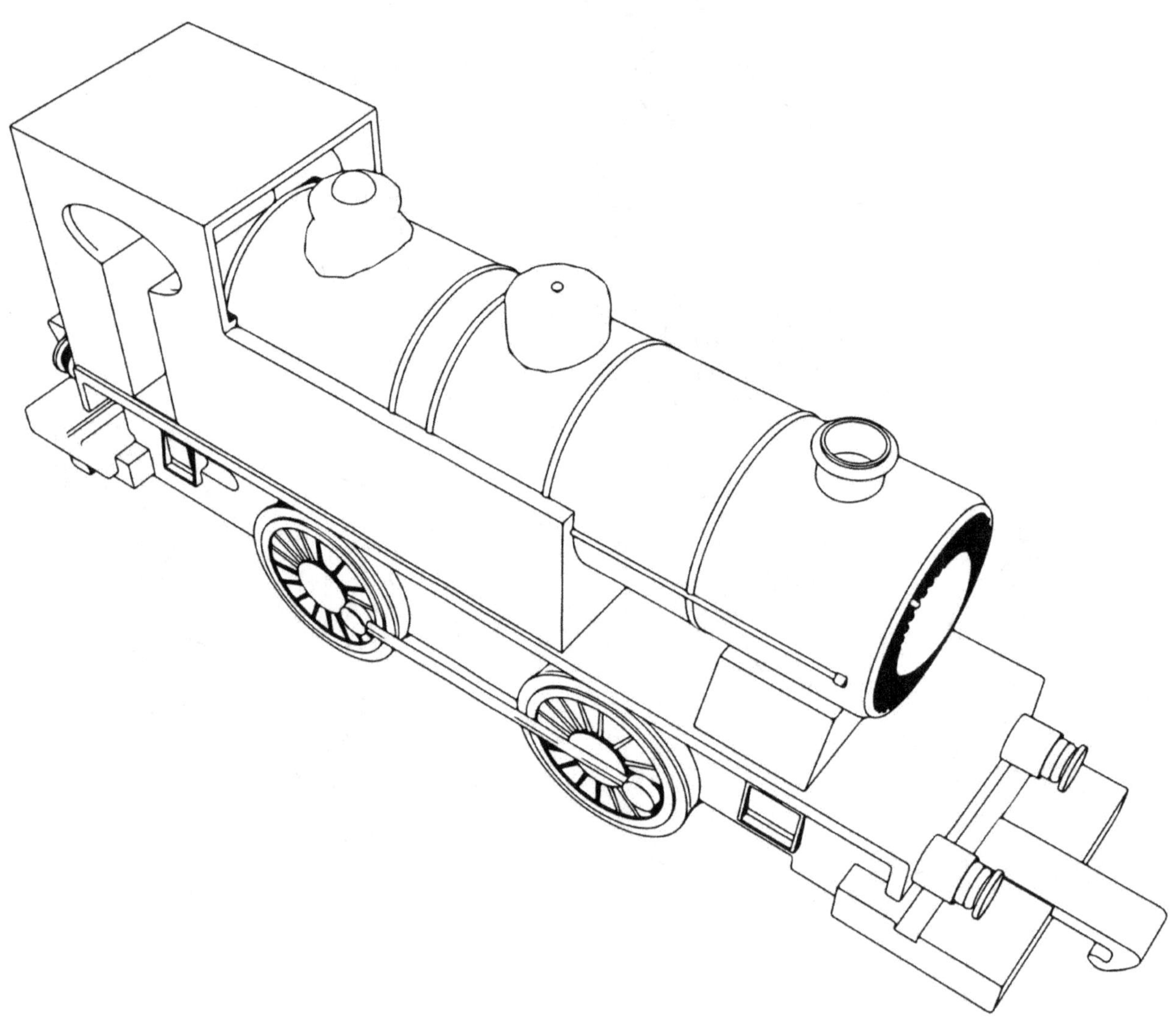

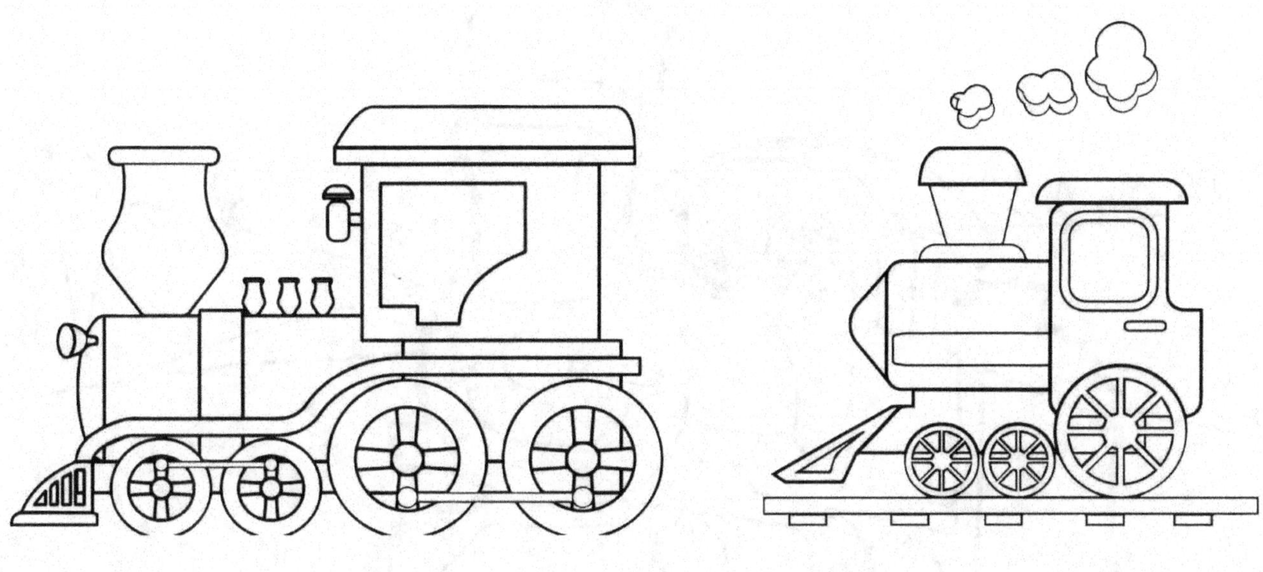

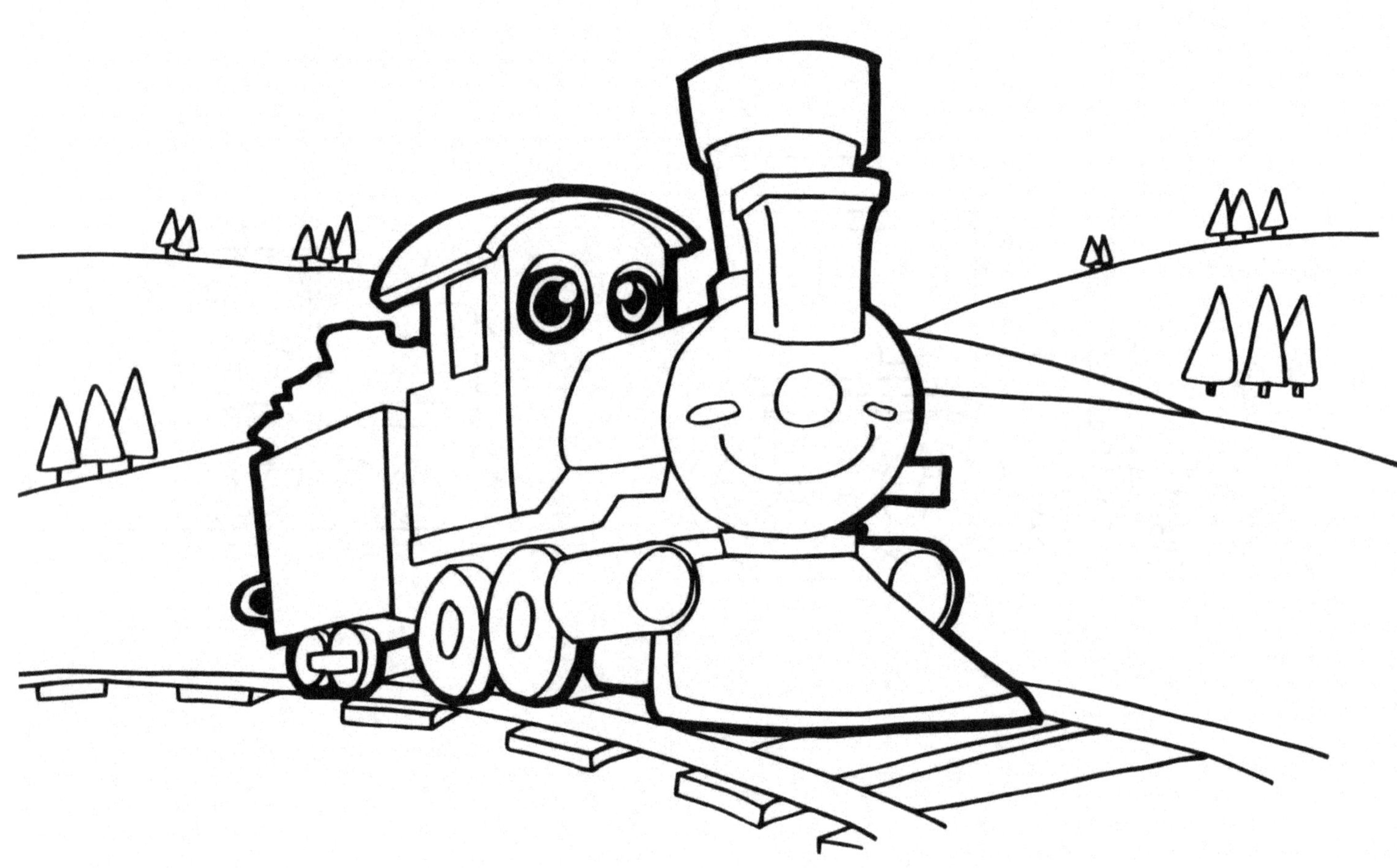

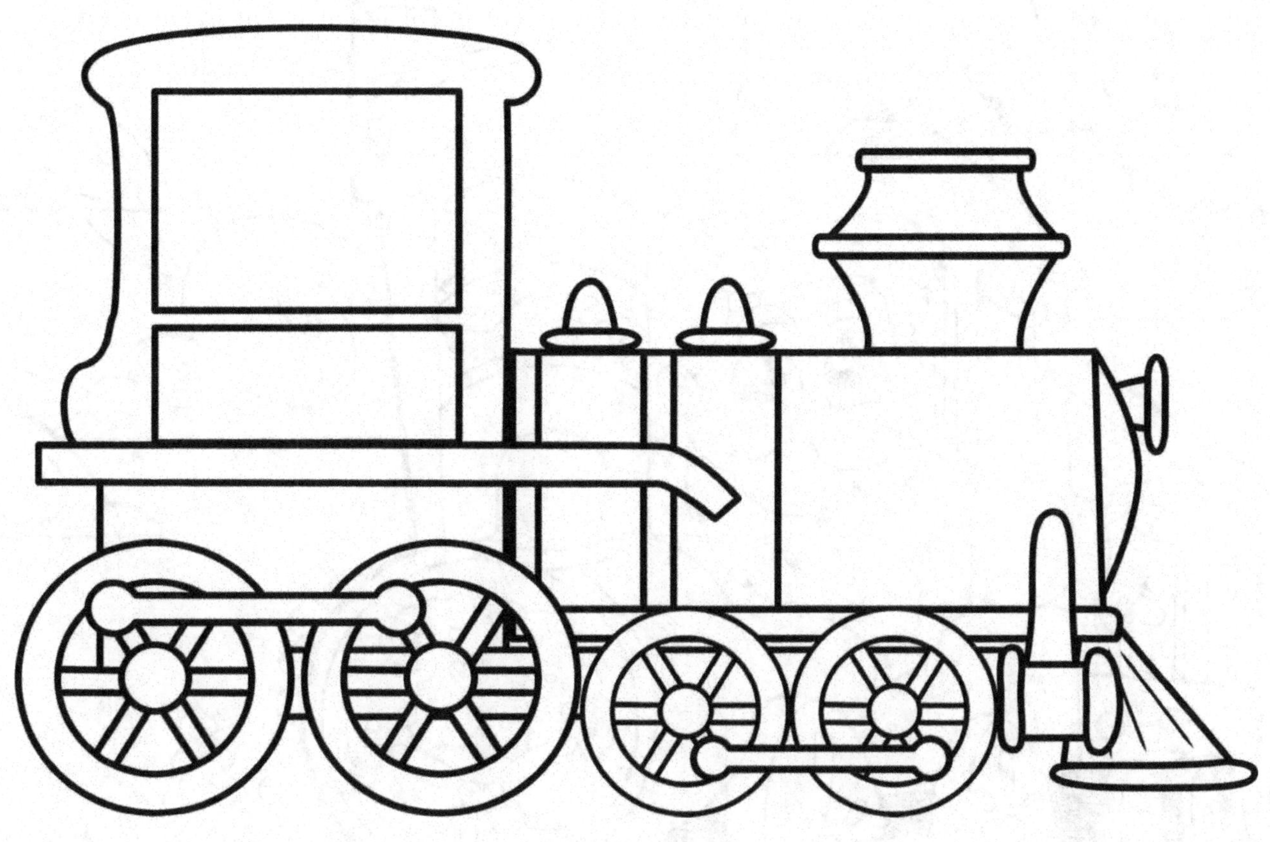

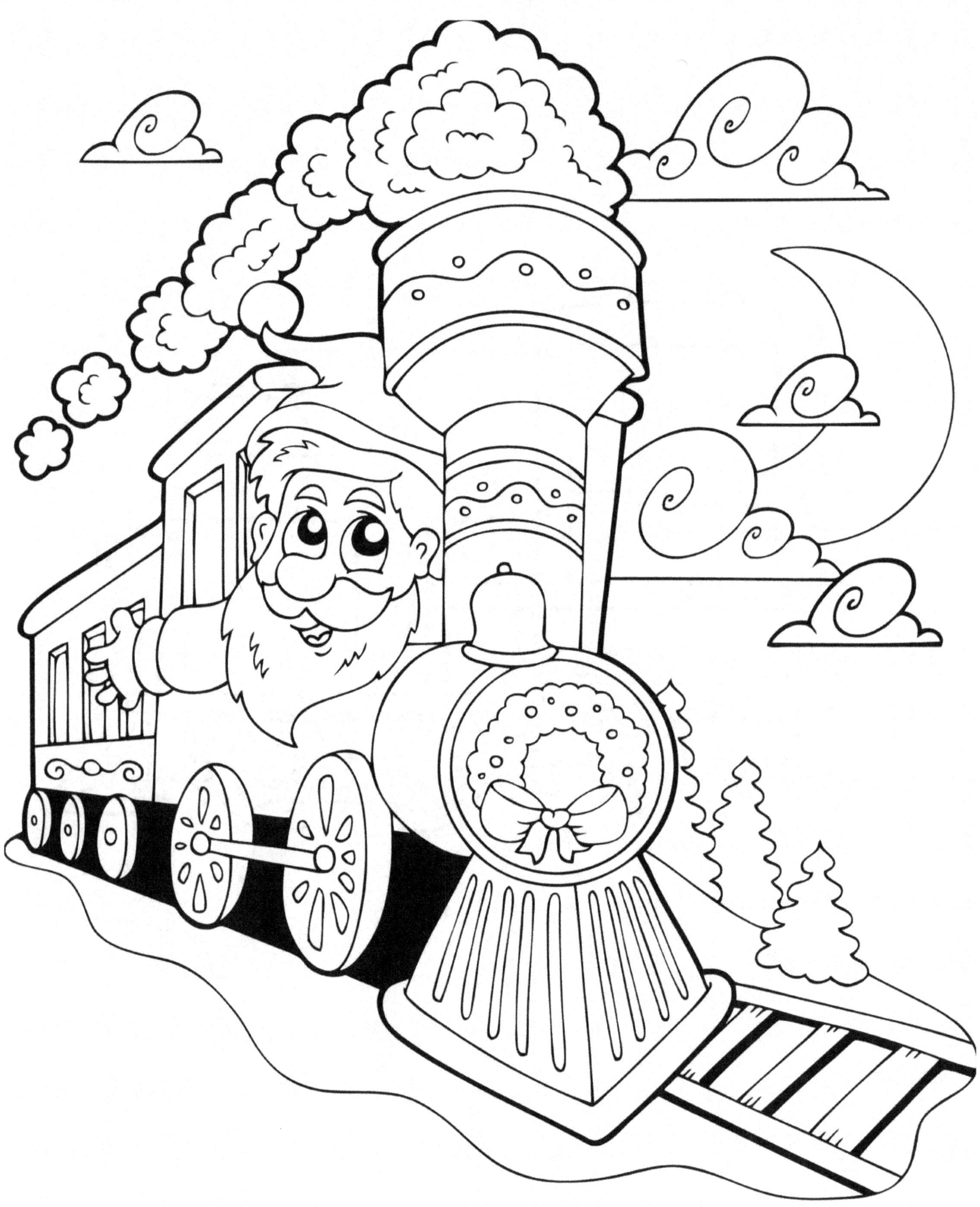

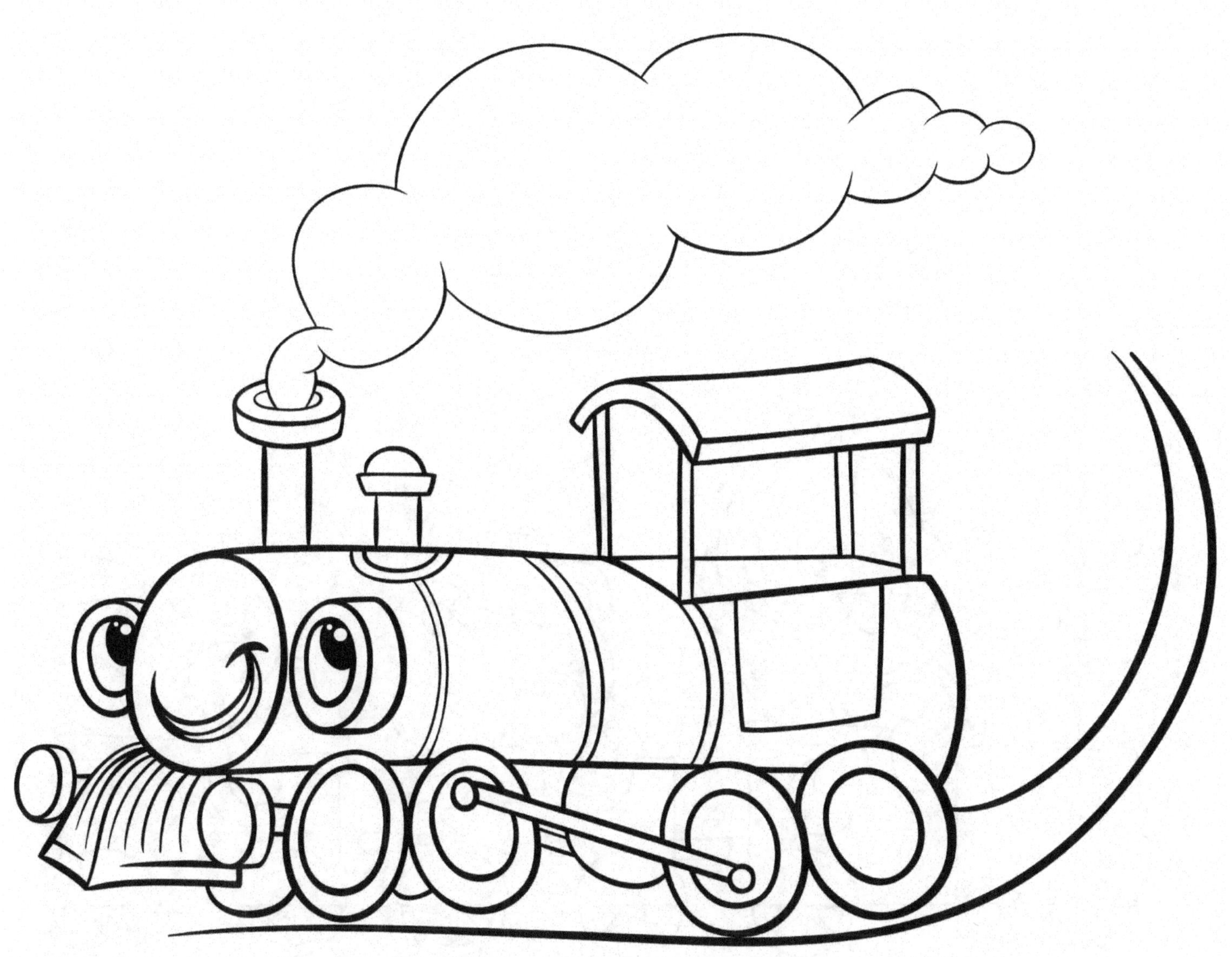

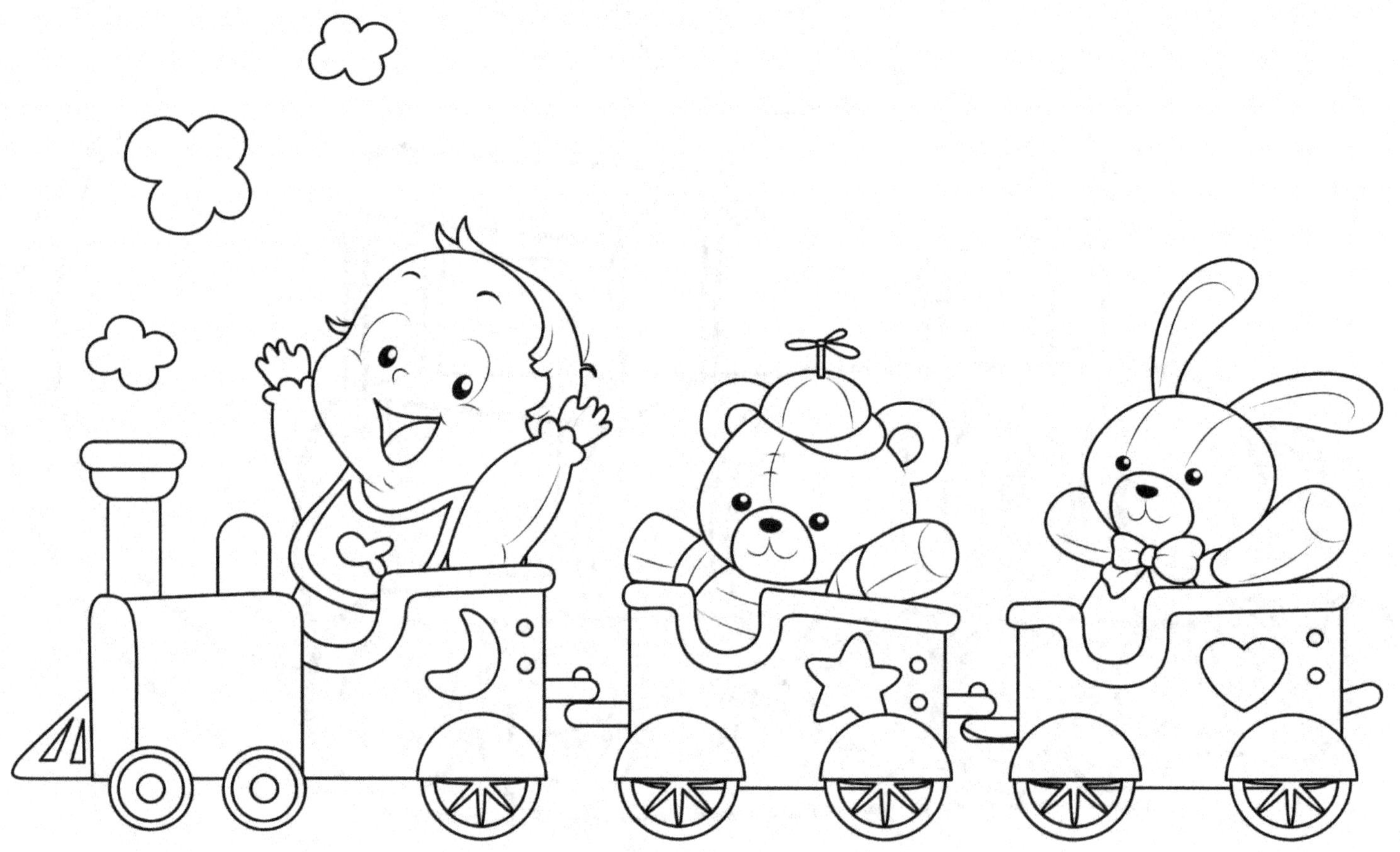

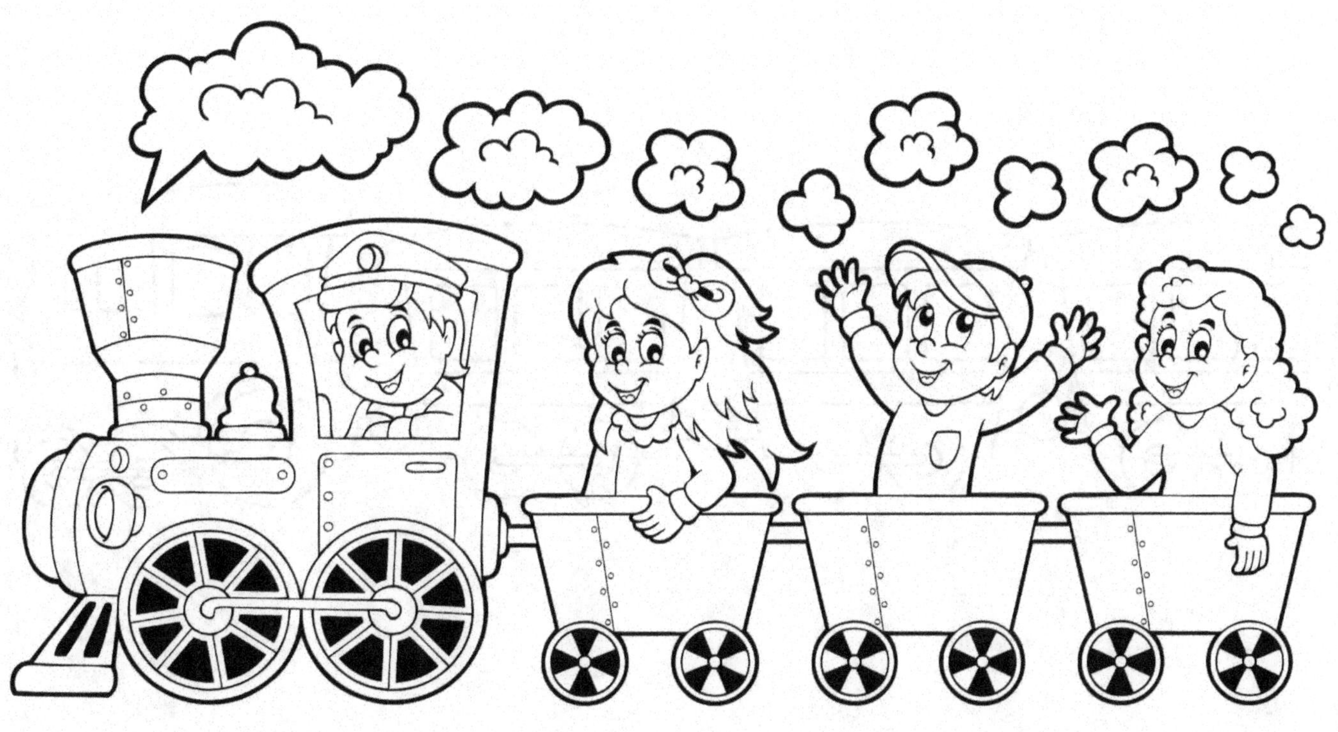

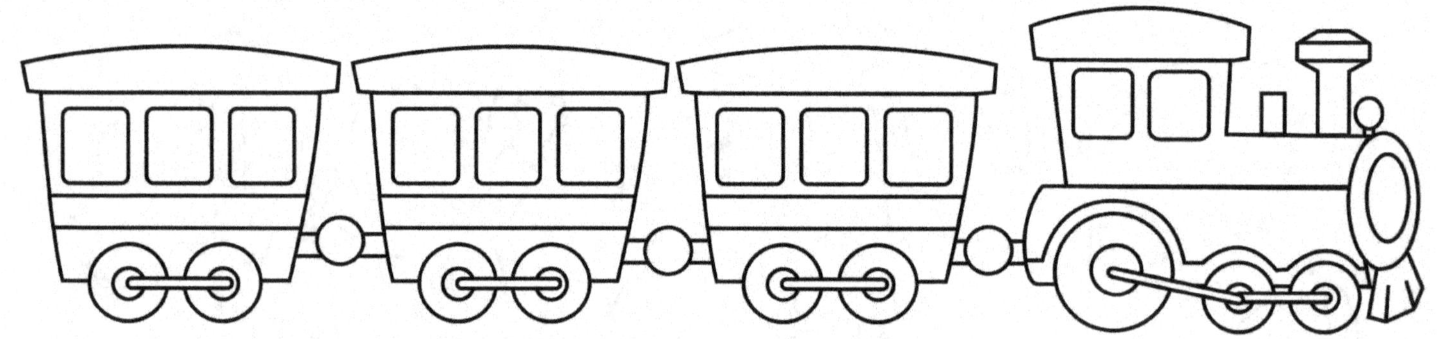

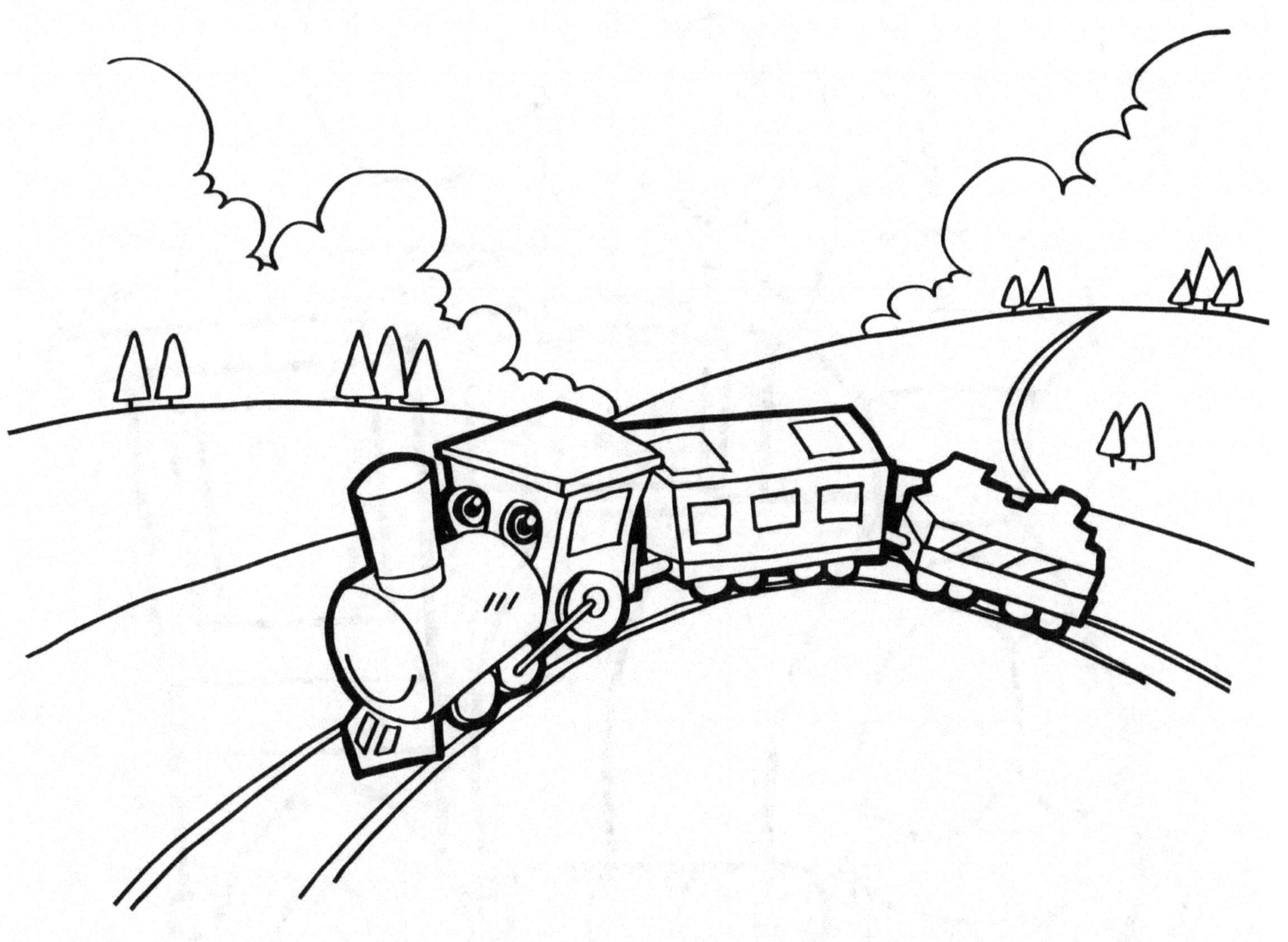

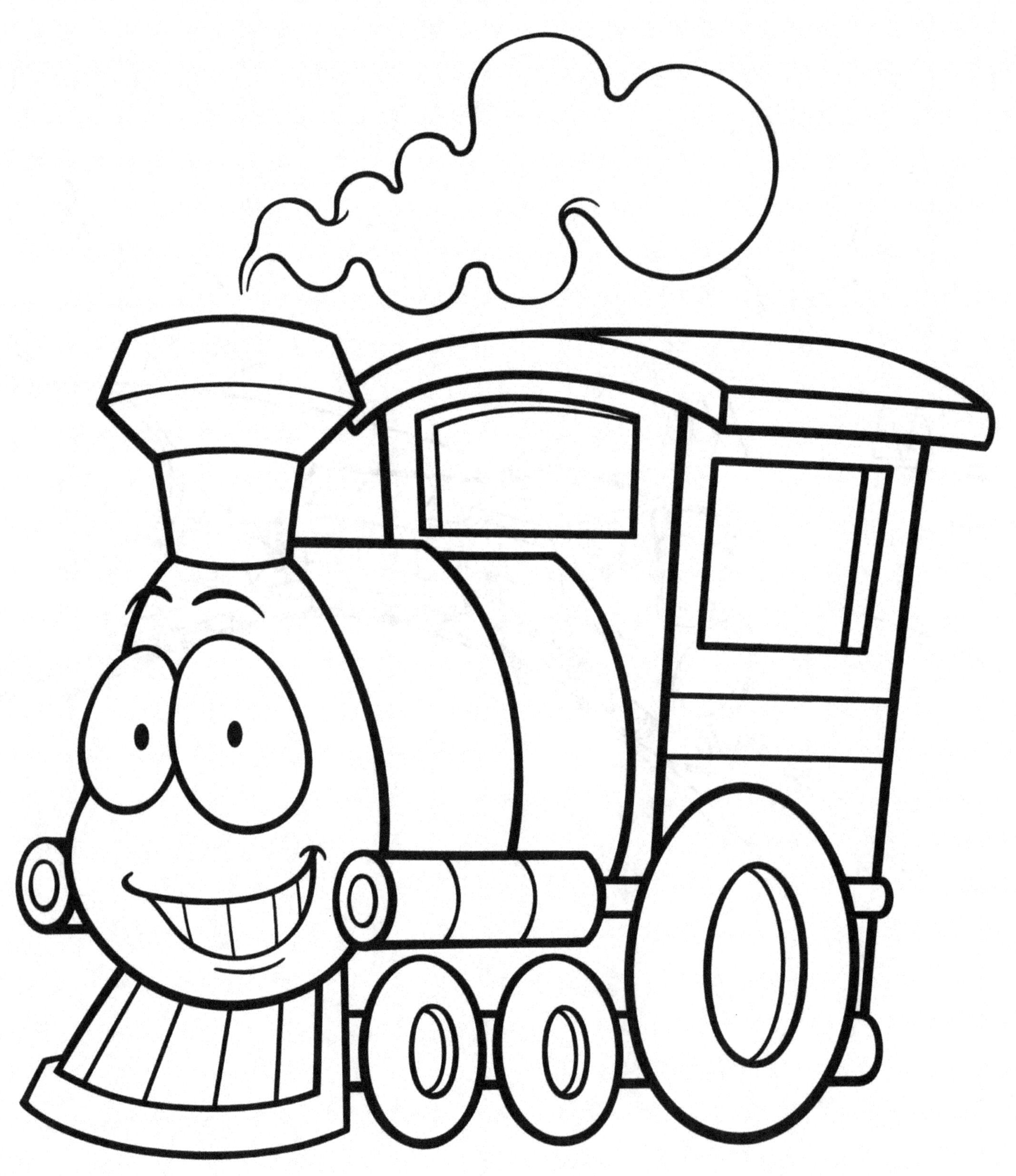

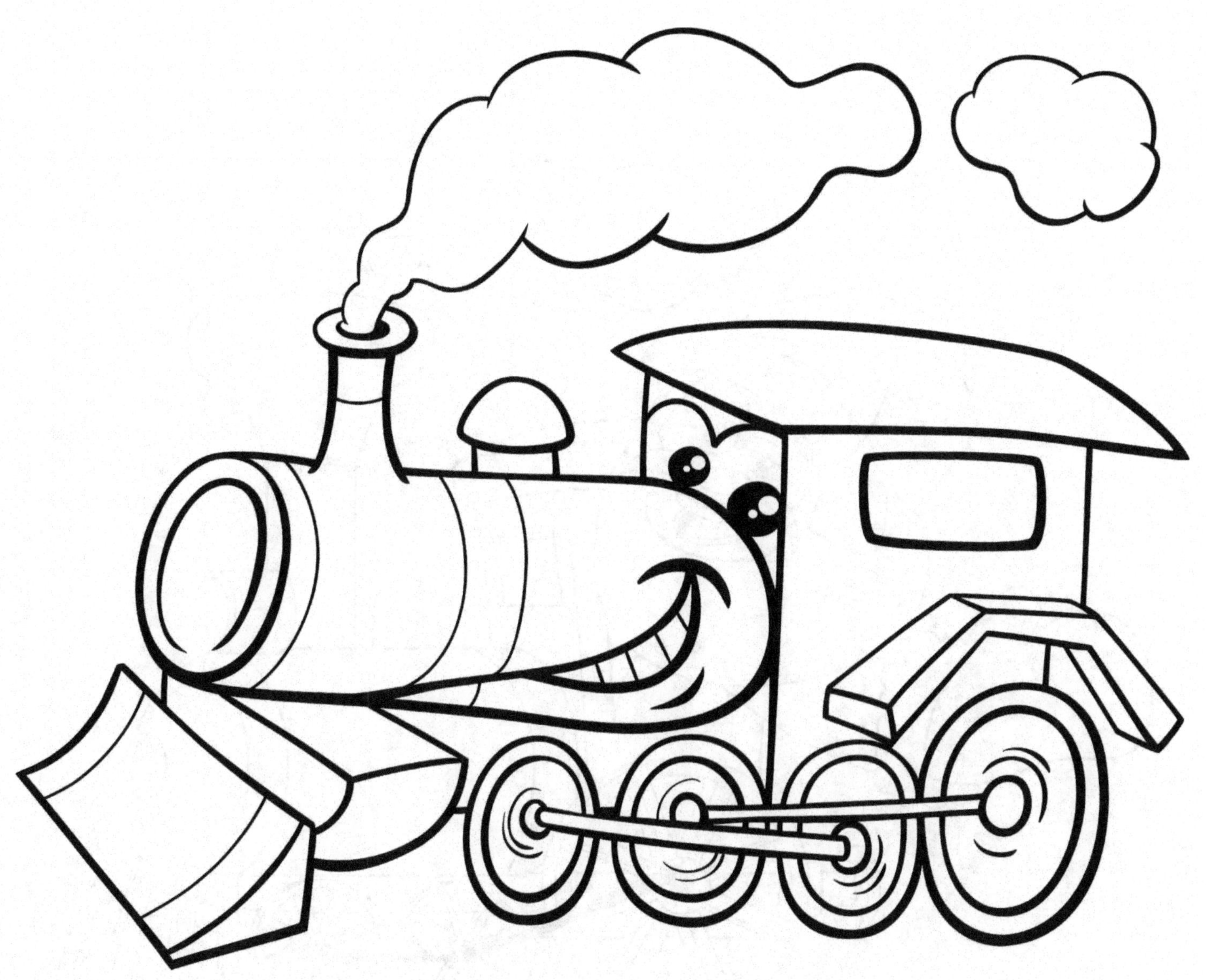

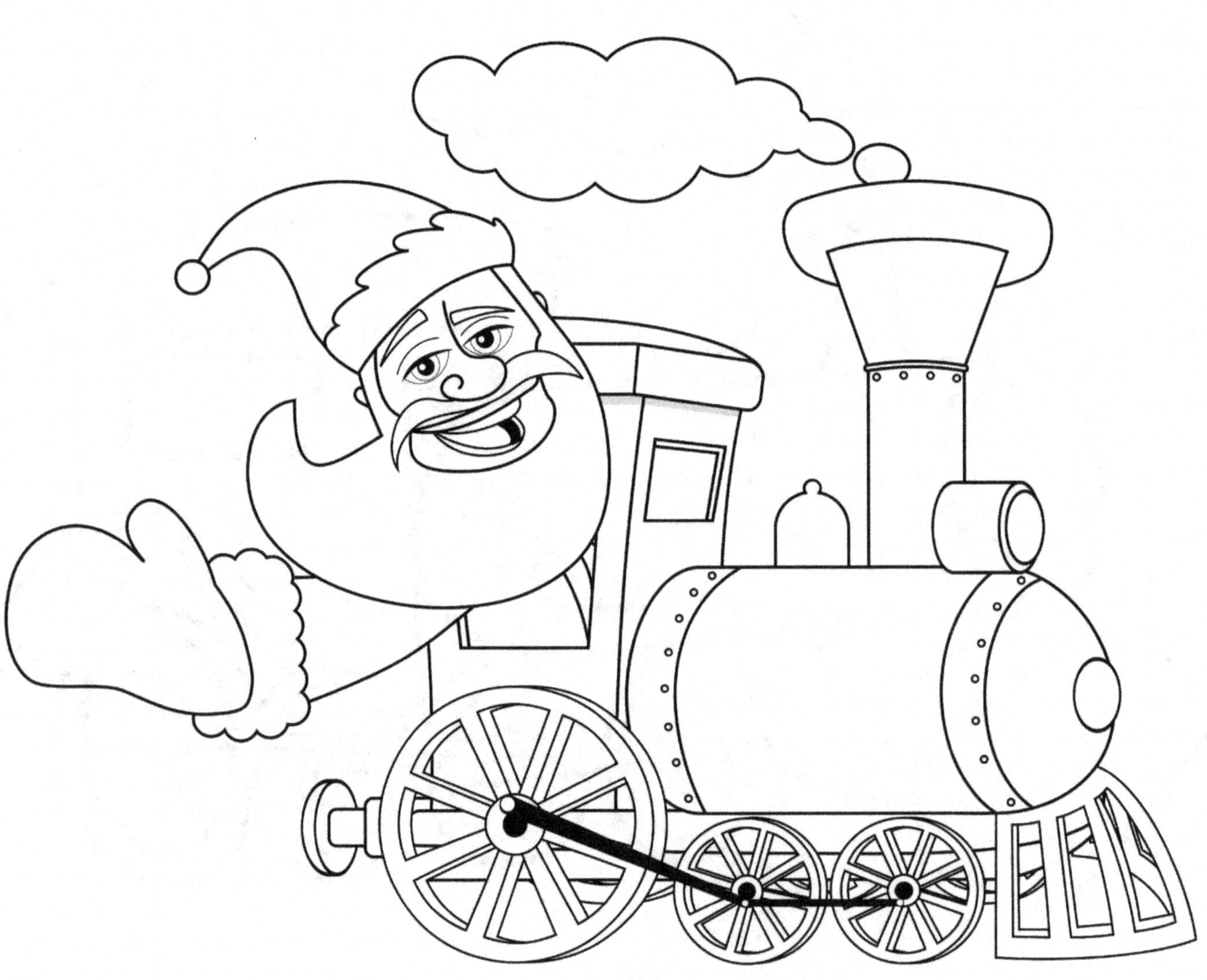

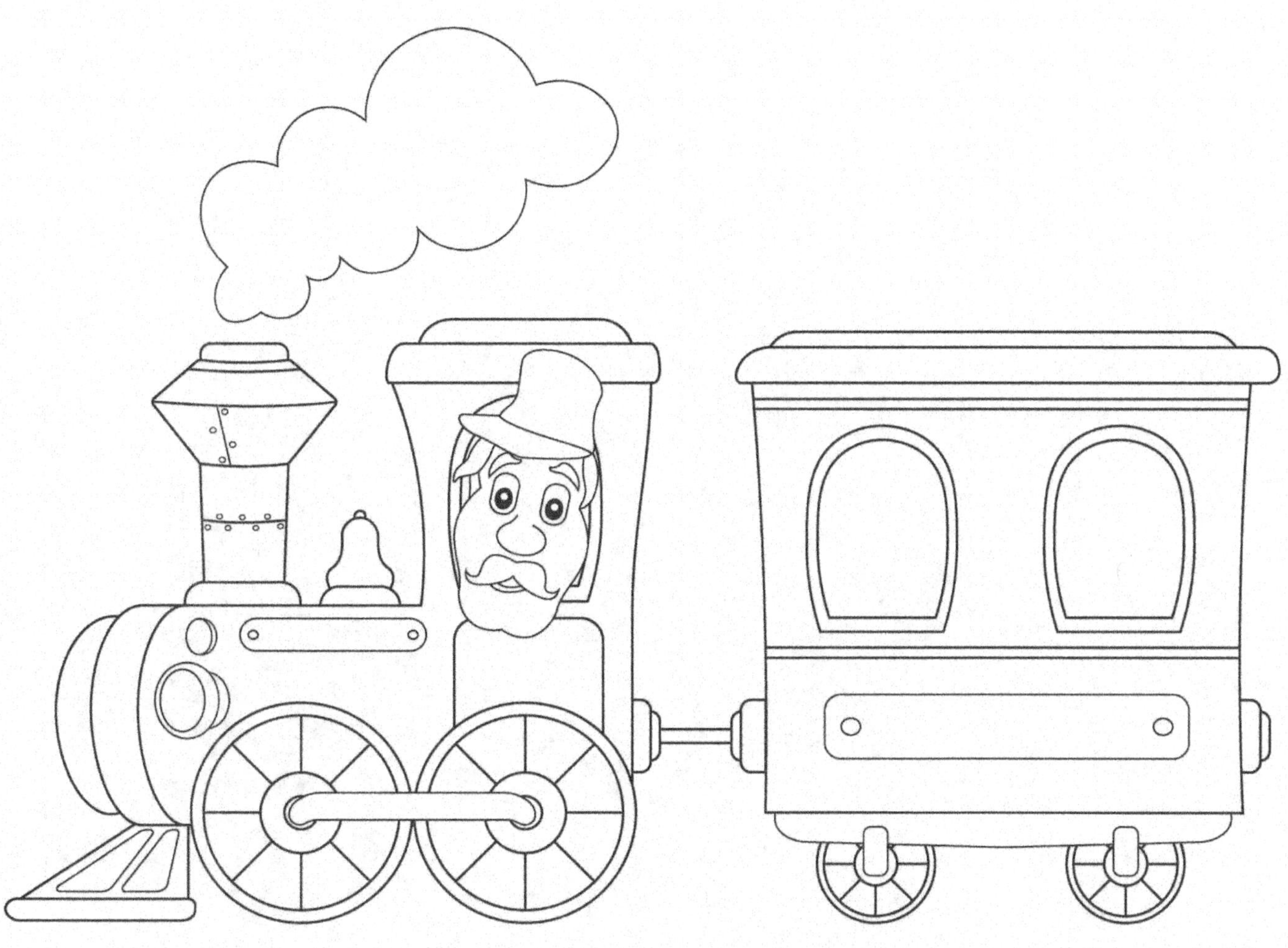

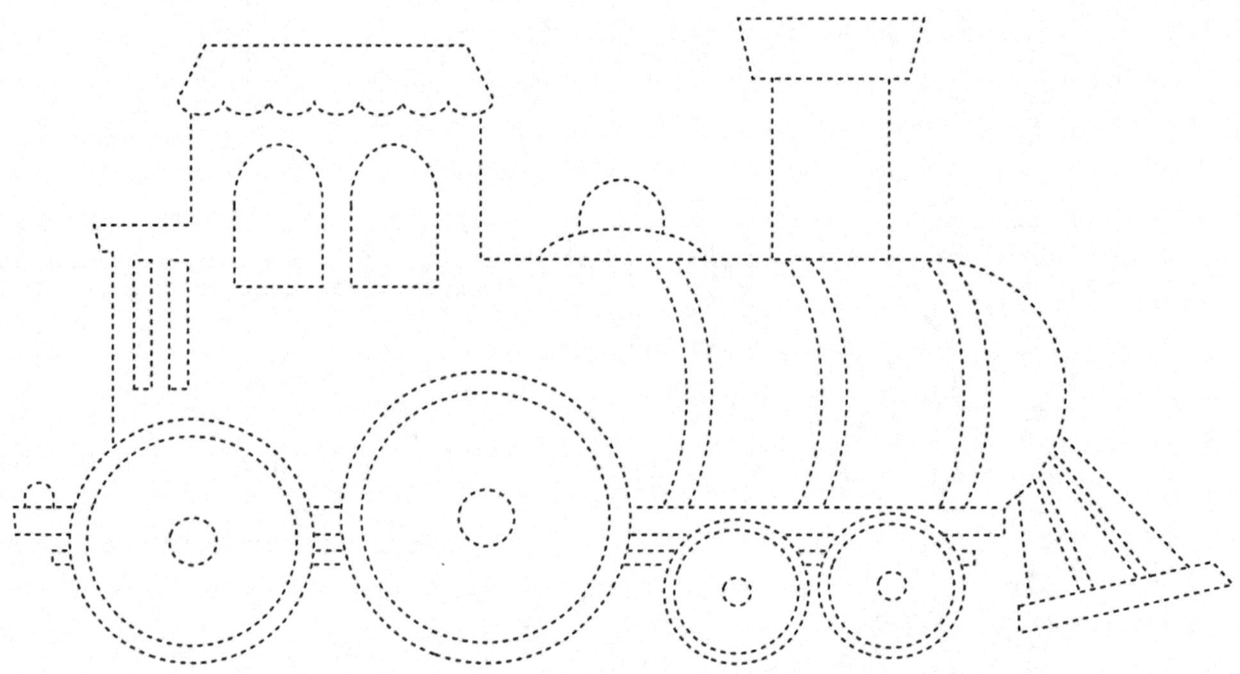

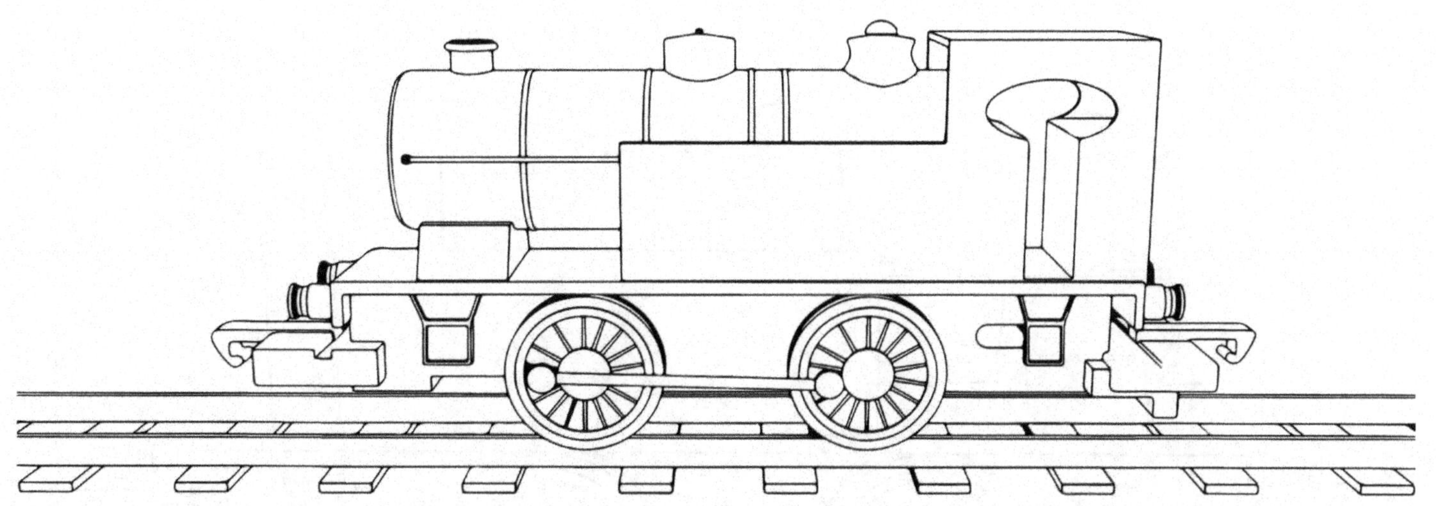

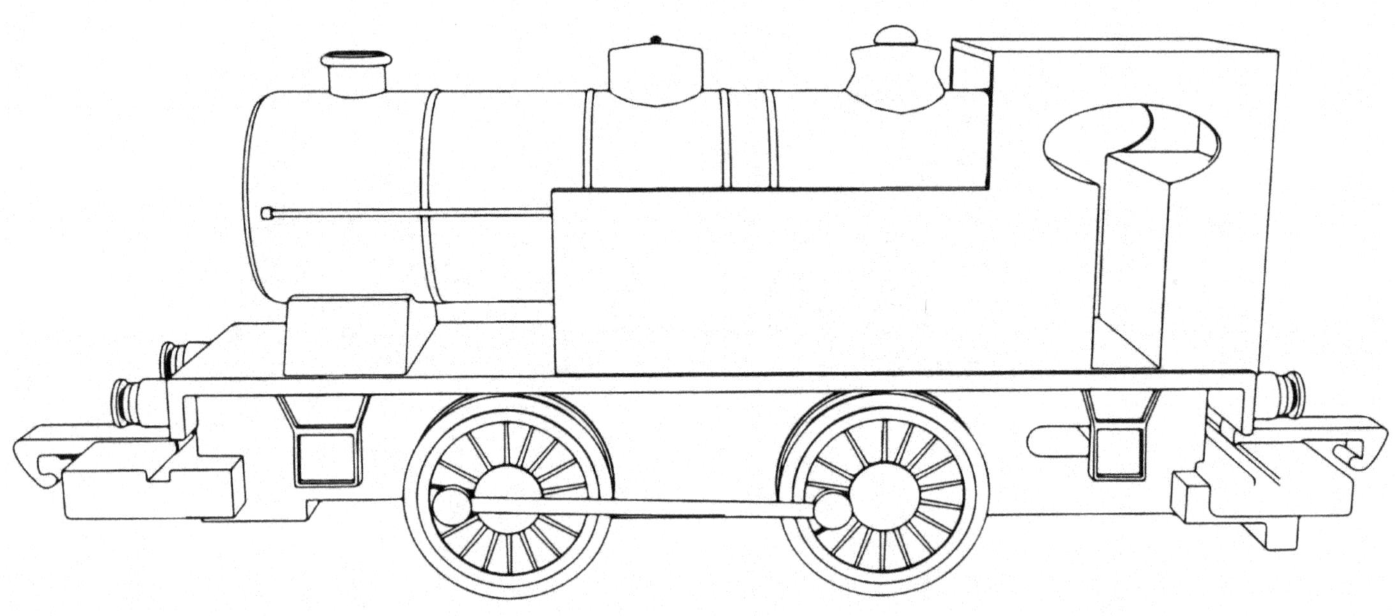

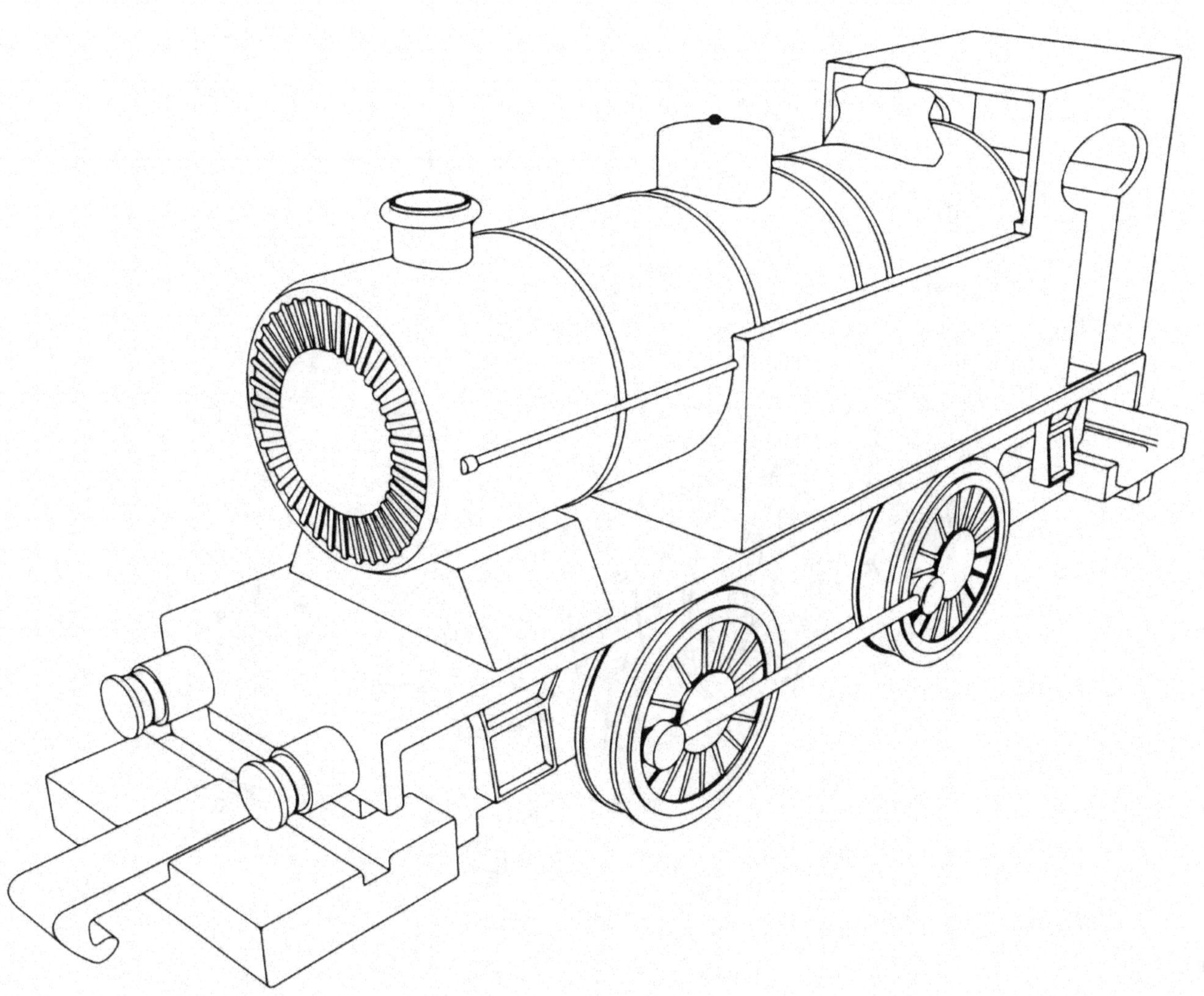

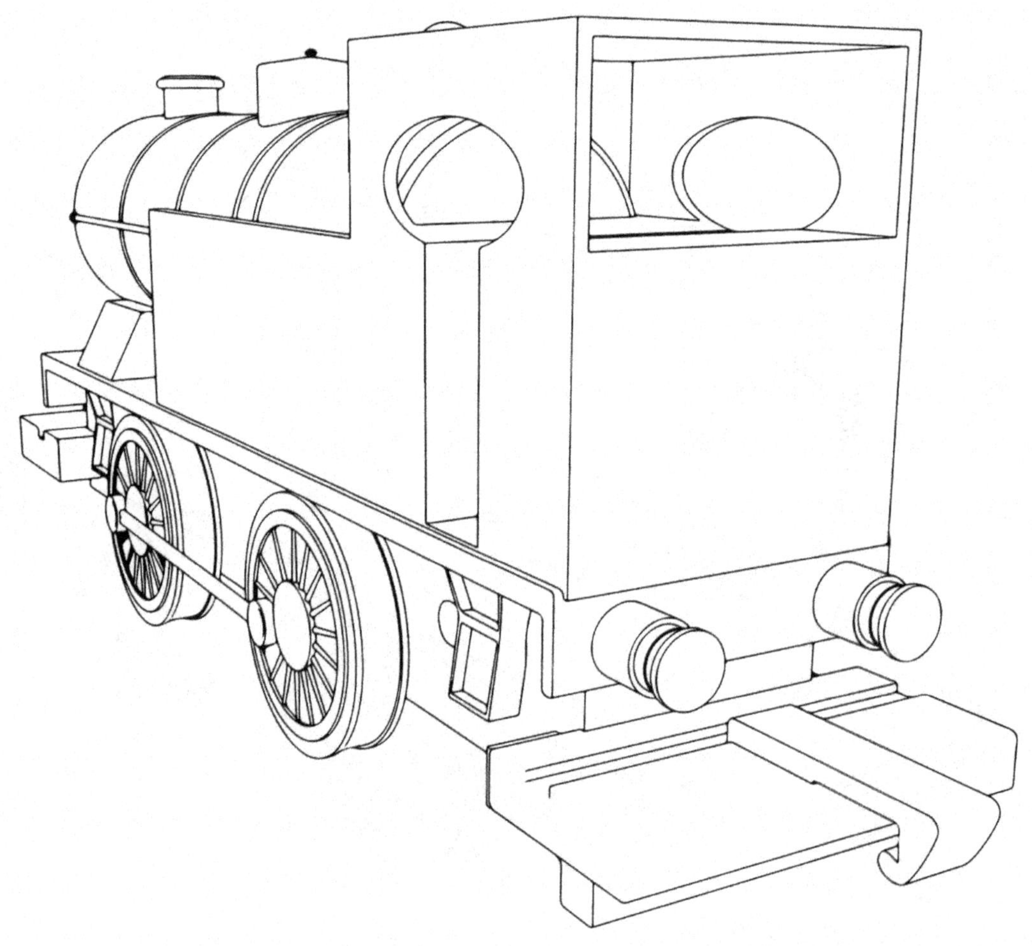

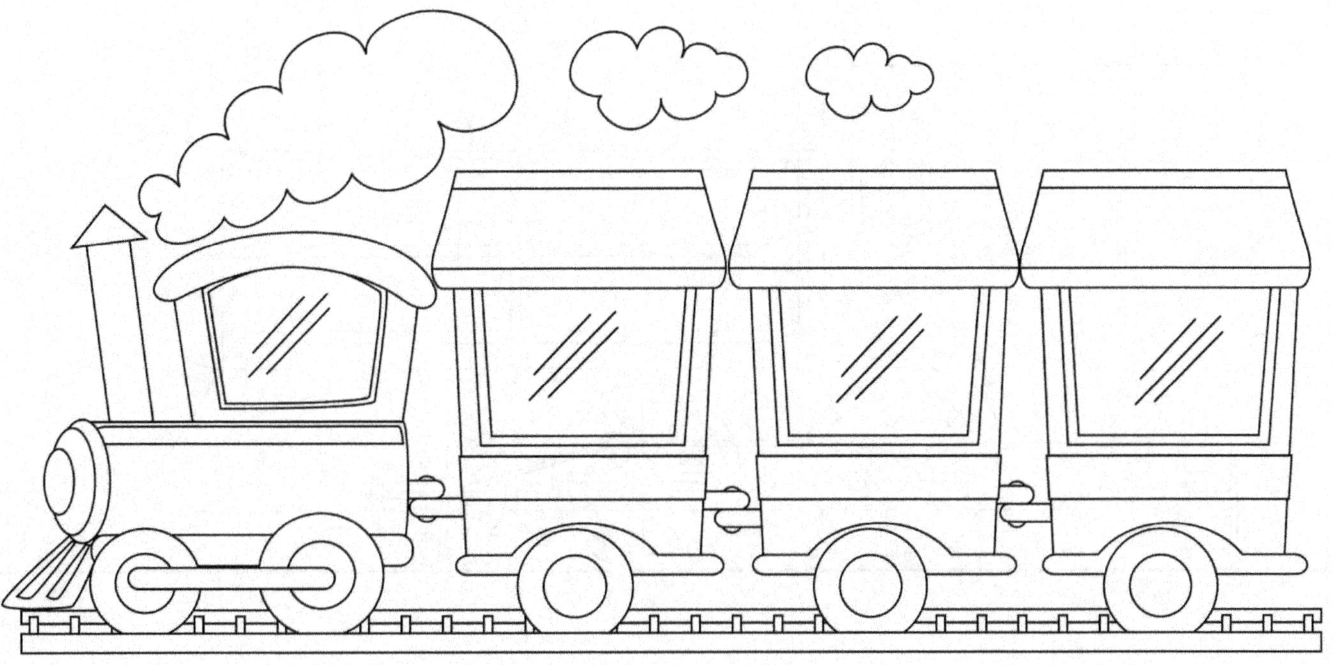

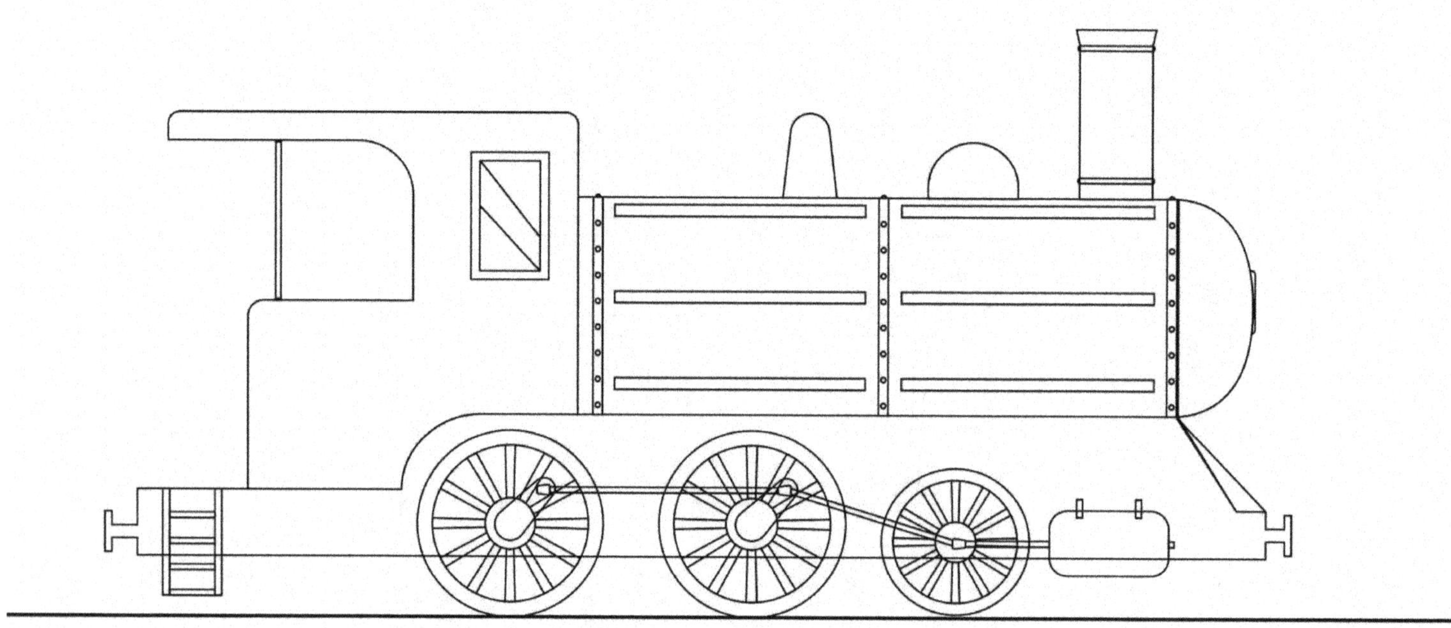

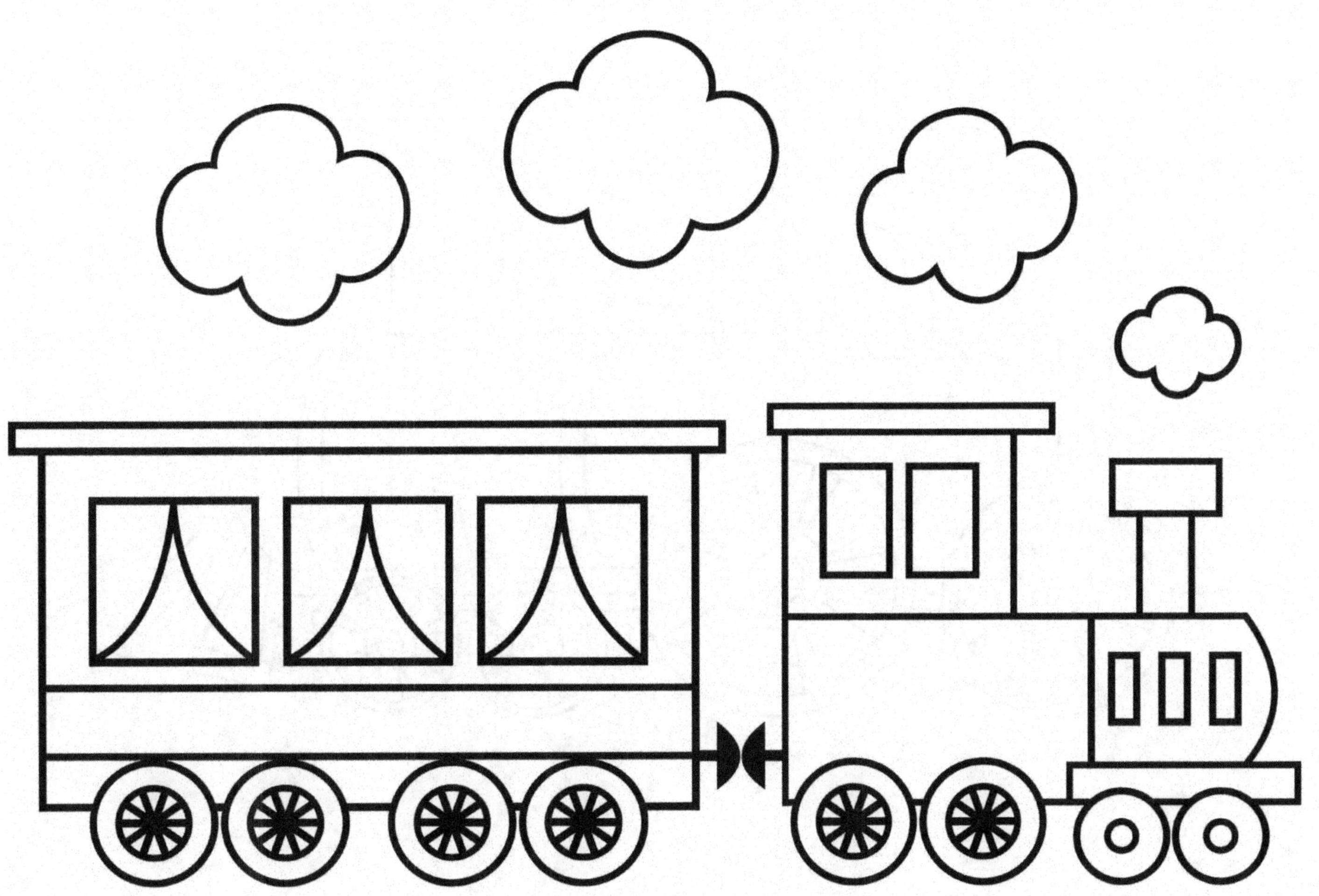

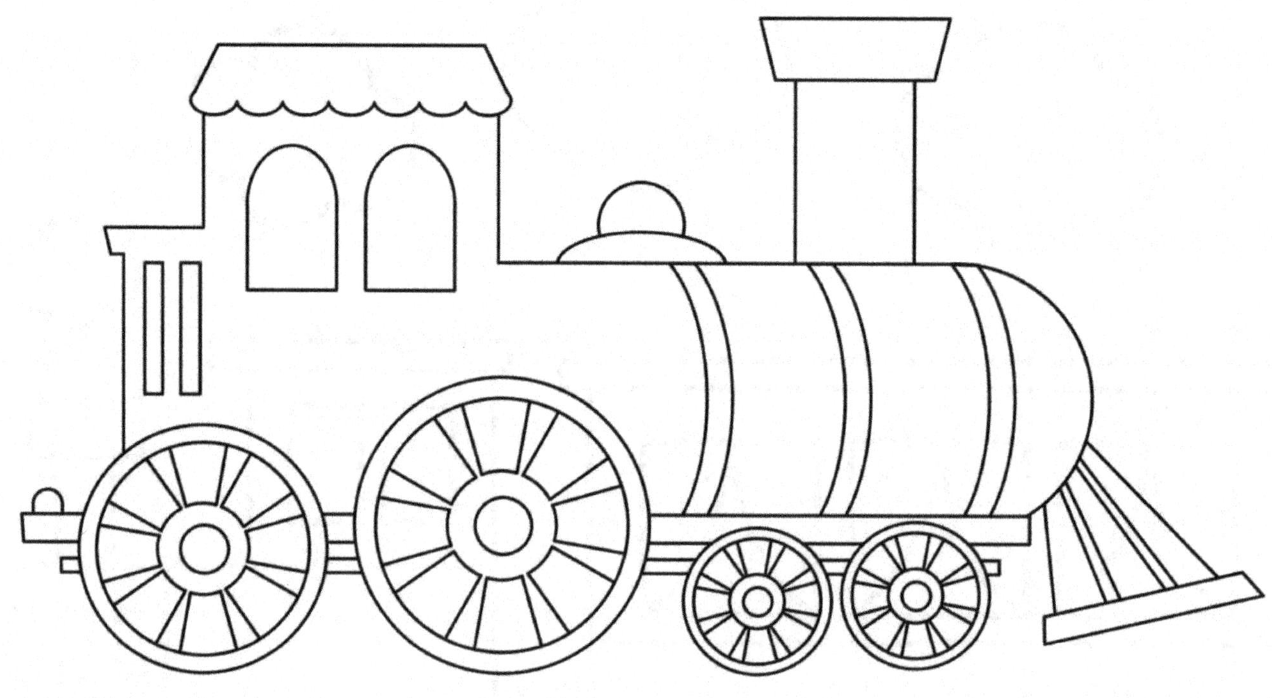

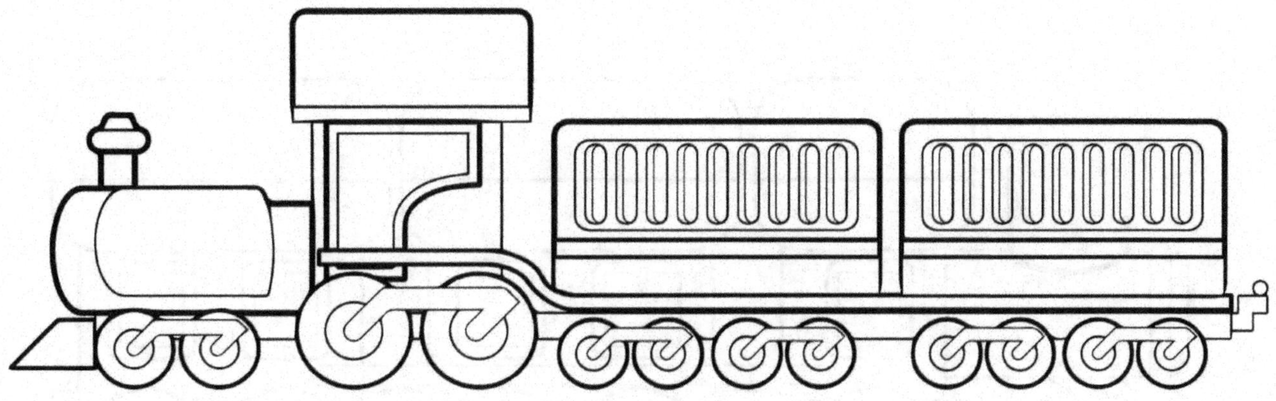

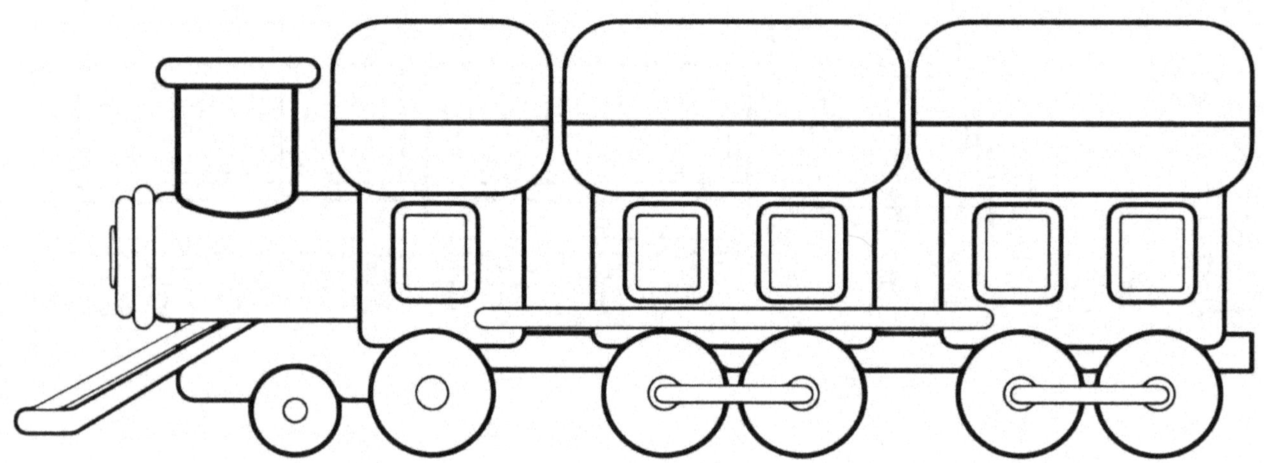

www.ingramcontent.com/pod-product-compliance
Lightning Source LLC
Chambersburg PA
CBHW080334030726
47593CB00010B/3007